RELATION OFFICIELLE

DE LA CÉRÉMONIE

D'INAUGURATION DES RÉSERVOIRS DE SAINT-CLOUD

à l'occasion

de l'arrivée des eaux des sources de la Vigne et de Verneuil

RELATION OFFICIELLE

DE LA CÉRÉMONIE

D'INAUGURATION DES RÉSERVOIRS DE SAINT-CLOUD

à l'occasion

de l'arrivée des eaux des sources de la Vigne et de Verneuil

LE JEUDI 30 MARS 1893

PARIS

Imprimerie Municipale

—

1893

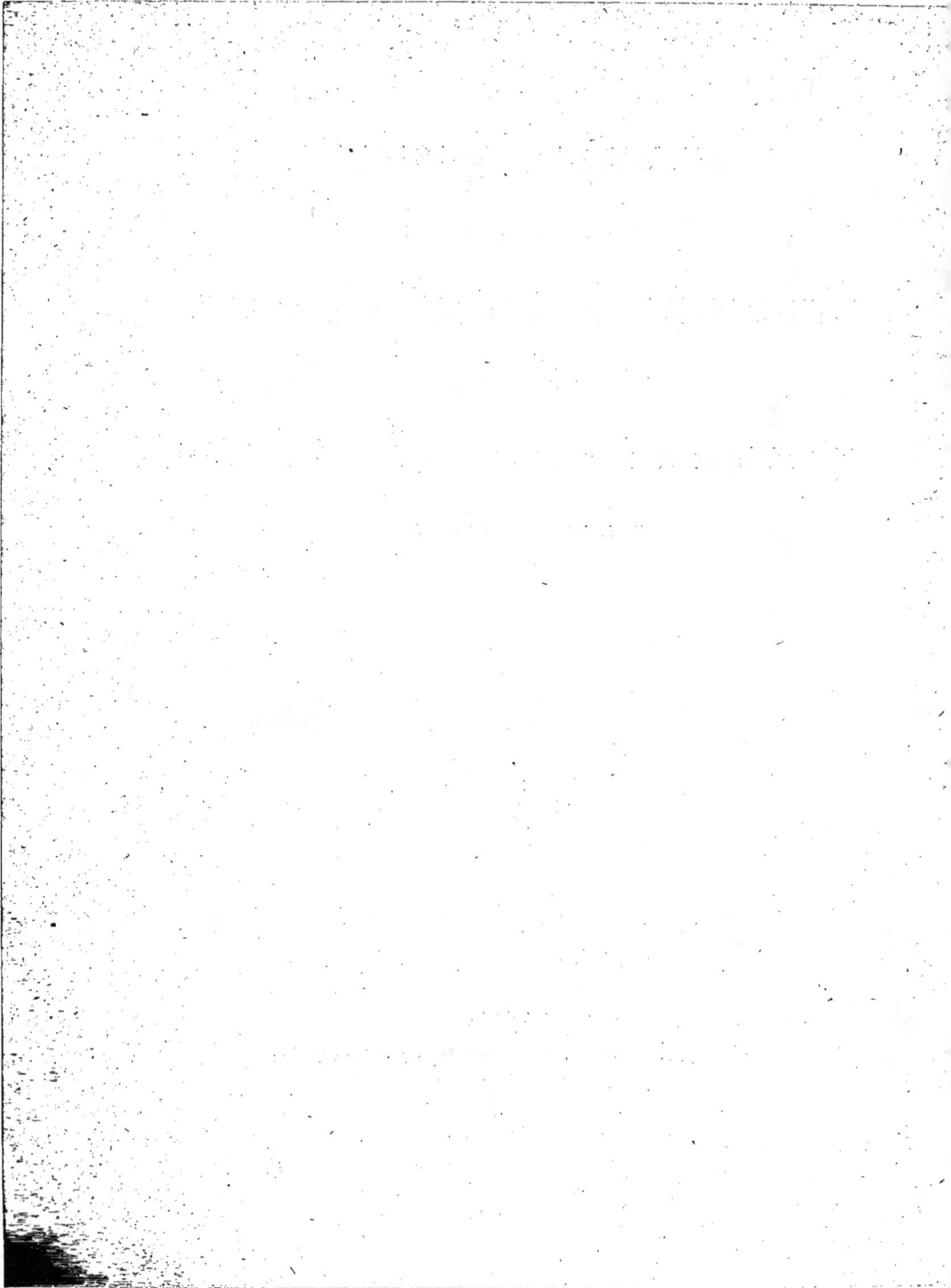

I

BUREAU

DU

CONSEIL MUNICIPAL DE PARIS

(Élu à l'ouverture de la première session ordinaire de 1892, le 9 mars 1892)

PRÉSIDENT :

M. F. SAUTON.

VICE-PRÉSIDENTS :

MM. BOLL,
CHAMPOUDRY.

SECRÉTAIRES :

MM. VORBE,
FOUSSIER,
Charles LAURENT,
BLACHETTE.

SYNDIC :

M. MAURY.

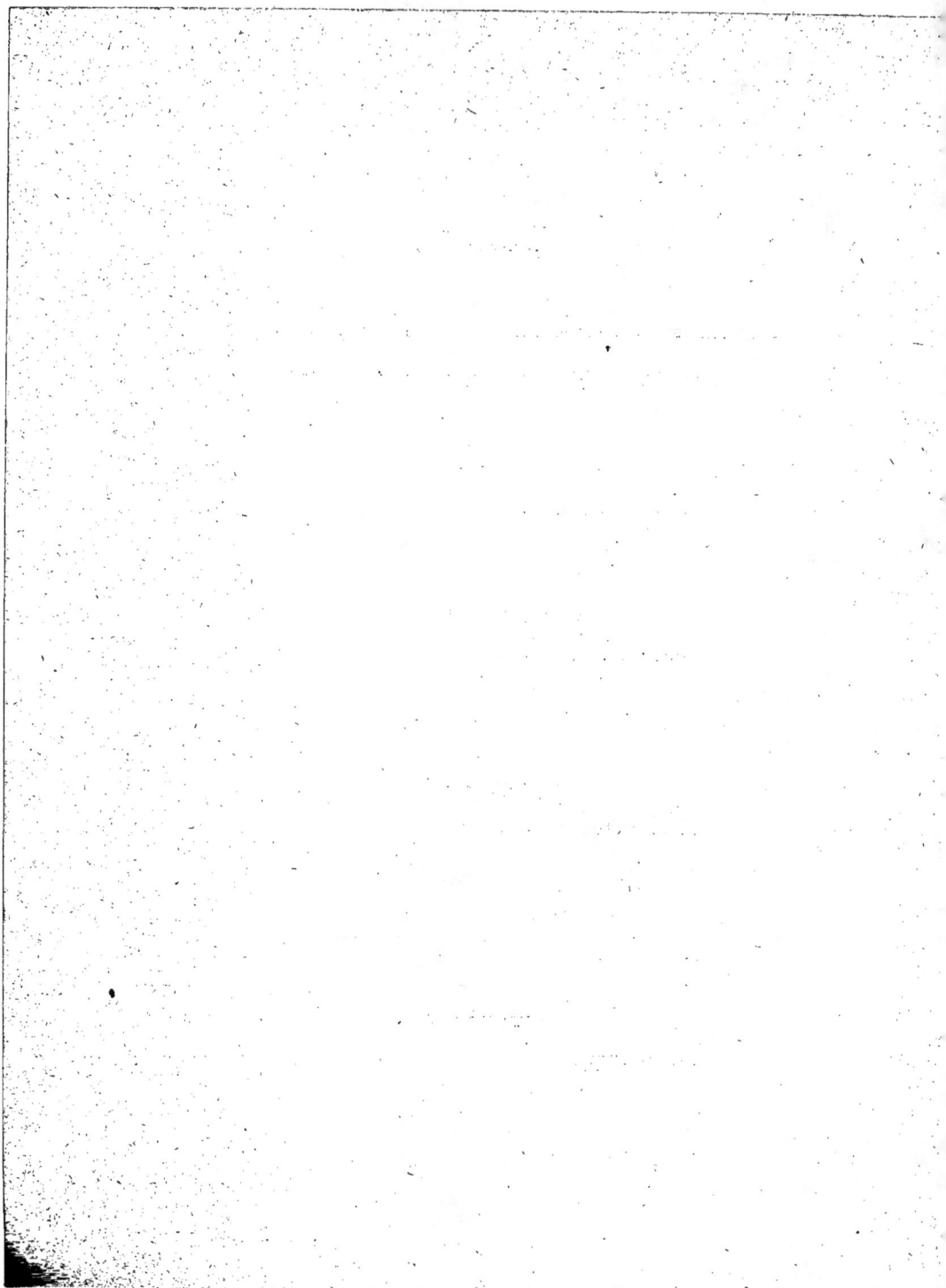

II

III

ADMINISTRATION

DE

LA VILLE DE PARIS ET DU DÉPARTEMENT DE LA SEINE

~~~~~~~~~~~~~~~~~

PRÉFET DE LA SEINE : M. POUBELLE.

Secrétaire général de la préfecture de la Seine : M. FÉLIX GRÉLOT.

PRÉFET DE POLICE : M. LOZÉ.

Secrétaire général de la préfecture de Police : M. LAURENT.

DIRECTEURS : Cabinet du Préfet de la Seine : M. BLANC.
—   Affaires municipales : M. MENANT.
—   Finances : M. DELCAMP.
—   Enseignement primaire : M. CARRIOT.
—   Voirie et Travaux d'ingénieurs : M. HUET.
—   Assistance publique : M. PEYRON.
—   Octroi : M. BIGOT.
—   Mont-de-piété : M. DUVAL.
—   Affaires départementales : M. LE ROUX.

Secrétaire général de l'administration de l'Assistance publique : M. DEROUIN.

Secrétaire général du Mont-de-piété : M. BONNET.

Receveur municipal : M. COURBET.

Contrôleur central : M. FRANK.

Inspecteur général des Ponts et chaussées, chargé du service des Eaux : M. HUMBLOT.

Chef de service du bureau des Eaux : M. MOUROT.

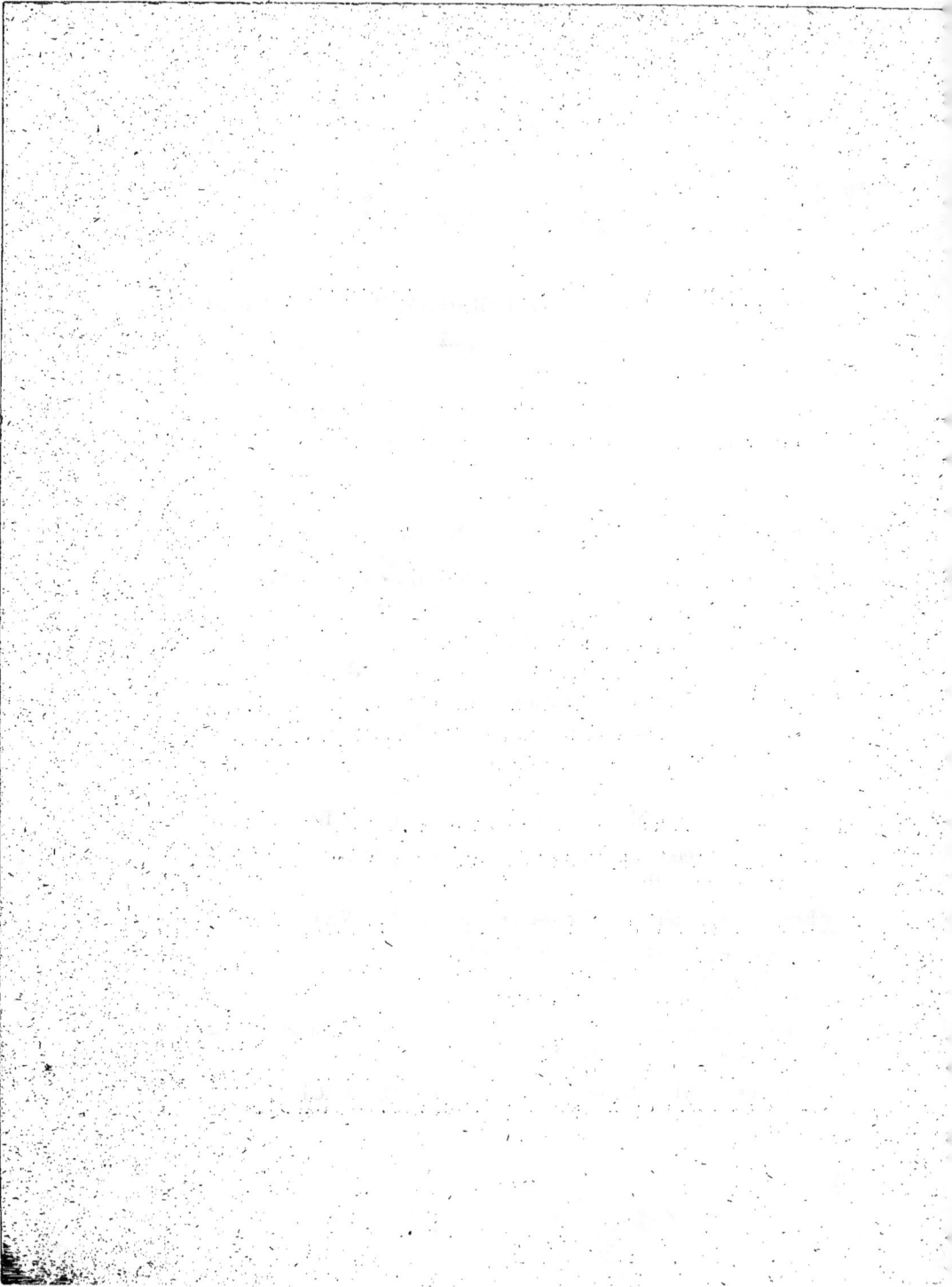

IV

COMPTE RENDU OFFICIEL DE LA CÉRÉMONIE

DU 30 MARS 1893

~~~~~~~~~~~

Le jeudi, 3o mars 1893, la Municipalité de Paris et ses invités sont reçus à l'entrée des réservoirs de Saint-Cloud, boulevard de Versailles, au sommet du coteau qui domine la Seine, par M. HUET, directeur admininistratif des Travaux de Paris, et M. HUMBLOT, inspecteur général des Ponts et chaussées chargé du service des Eaux.

Après avoir visité la bache d'arrivée où les eaux de sources débouchent fraîches et limpides par deux ouvertures circulaires de un mètre dix centimètres de diamètre, le cortège se dirige vers l'extrémité ouest du réservoir dans lequel il pénètre par une baie ménagée à cet effet.

Des guirlandes de verres de couleur dessinent les arêtes des voûtes et permettent de juger des vastes dimensions de ce compartiment du réservoir, qui mesure cent cinquante mètres de longueur sur cent mètres de largeur et dont la couverture en maçonnerie est supportée par six cents piliers et cent soixante-douze culées.

Le réservoir se composera de trois compartiments semblables, pouvant recevoir, chacun, cent mille mètres cubes d'eau.

Les assistants se rendent ensuite sous une tente dressée sur l'emplacement qu'occupera le deuxième compartiment. Au centre de celle-ci s'élève une estrade destinée aux représentants de la Municipalité de Paris.

M. le président du Conseil municipal monte au fauteuil présidentiel.

M. le préfet de la Seine et M. le préfet de Police occupent des fauteuils à droite et à gauche du Président.

Sur l'estrade prennent place : le Bureau et les membres du Conseil municipal de Paris, les président et membres du Conseil général de la Seine, les secrétaires généraux de la préfecture de la Seine et de la préfecture de Police, les représentants de Paris au Sénat et à la Chambre des députés, les membres des municipalités des arrondissements de Paris.

Autour de la tribune se rangent : MM. les directeurs de la préfecture de la Seine, MM. les ingénieurs en chef des services techniques de travaux, de nombreux chefs de service de la préfecture de la Seine et de la préfecture de Police, ainsi que les délégués des ouvriers des diverses corporations qui ont contribué à la construction de l'aqueduc et des réservoirs.

Des places avaient été réservées aux représentants de la presse française et étrangère.

Discours de M. le président F. Sauton :

Messieurs,

L'arrivée des nouvelles eaux de sources sera saluée comme un bienfait par la population parisienne et notre première pensée doit être de rendre un hommage reconnaissant à la mémoire de M. Couche, l'éminent ingénieur qui était à la tête du service des Eaux quand fut conçu le projet d'adduction à la réalisation duquel nous assistons en ce moment.

Né en 1832, Couche était entré à 17 ans à l'Ecole polytechnique d'où il sortit en 1851 dans le corps des Ponts et chaussées. Après avoir passé trois ans à Bayonne et six ans au Havre, il fut détaché en 1863 au service de la ville de Paris. Là il se fit remarquer par son esprit d'initiative; placé en 1875 sous les ordres de Belgrand en qualité d'ingénieur en chef, il fut, à la mort de celui-ci, en 1878, appelé à diriger le service des Eaux. Ces trois dernières années suffirent à Couche pour s'assimiler l'œuvre du maître à laquelle il se dévoua depuis lors tout entier, secondant de toute son énergie les efforts du Conseil municipal pressé de doter la ville de Paris d'eaux potables saines et abondantes. (*Applaudissements.*)

De 1875 à 1880 le débit de la Vanne fut porté de 100,000 à 120,000 mètres cubes. C'était avec l'appoint donné par la Dhuis un cube de 140,000 mètres d'eaux de sources mis journellement à la disposition des habitants de Paris, mais il était facile de prévoir que l'extension de la canalisation affectée aux eaux de sources, chaque jour plus demandées, allait rendre à bref délai cette quantité insuffisante.

Avec un chef comme Couche le service des Eaux ne pouvait se laisser surprendre par une telle éventualité et, dès 1881, il fut procédé à un travail d'ensemble sur les sources du bassin de la Seine.

La situation menaçait, en effet, de devenir des plus précaires et le Conseil municipal s'en était vivement ému au cours de l'année 1881, alors qu'il avait fallu arrêter les fontaines monumentales et réduire des neuf dixièmes les lavages et les arrosages de la voie publique, la consommation du service privé ayant, certains jours, dépassé le nombre de 342,000 mètres cubes.

Un pareil état de choses n'avait pas échappé à l'initiative privée et, en 1884, deux propositions furent faites à la ville de Paris en vue de l'adduction de nouvelles eaux de sources, moyennant un prix, par mètre cube, absolument exagéré.

Ces propositions furent soumises au Conseil municipal.

C'est ici que se révèle en Couche le véritable chef de service, l'homme intraitable quand il sent que les intérêts qui lui sont confiés vont être compromis. Pour lui de pareilles propositions ne méritent pas examen; la Ville doit rester maîtresse de ses services publics. Si le Conseil municipal doit être appelé à en délibérer, ce ne peut être que pour les écarter résolument.

Dans un remarquable rapport, M. Bechmann, alors ingénieur ordinaire sous les ordres de M. Couche, montrait que ces projets ne présentaient aucune particularité digne d'être relevée, qu'ils n'avaient d'autre valeur que celle d'une simple étude très sommaire, faite un peu au hasard, dont la discussion serait absolument dénuée d'intérêt.

En quelques lignes tranchantes M. Couche appuyait cette conclusion et il ajoutait : « Au surplus, lorsqu'une question se réduit à savoir si la ville de Paris est en telle situation qu'elle ait à se faire commanditer pour arriver, tout compte fait, à emprunter à 8 %, on ne voit pas qu'il y ait deux avis possibles. » (*Mouvement.*)

L'avis des ingénieurs du service des Eaux l'emporta. A l'unanimité, le 1er août 1884, le Conseil municipal décida qu'il n'y avait pas lieu à négociations avec les auteurs de propositions et un crédit de 30,000 francs fut mis par lui à la disposition de l'Administration pour les études à entreprendre en vue d'une adduction d'eaux de sources faite directement par la Ville.

Le service des Eaux était prêt : il ne trompa pas la confiance que le Conseil municipal avait mise en lui. Quelques jours après la délibération du Conseil municipal, le 18 août 1884, les nouvelles sources à dériver étaient achetées. (*Très bien!*) Le 28 janvier 1885 le Conseil municipal approuvait les traités provisoires passés avec les propriétaires de ces sources, et le 10 mars de la même année il autorisait l'Administration à poursuivre les formalités nécessaires à la déclaration d'utilité publique de la dérivation des sources de la Vigne et de l'Avre conformément à l'avant-projet dressé par le service des Eaux.

Qu'il me soit permis, Messieurs, de rendre à cette occasion hommage à notre personnel des Travaux. L'acquisition de ces sources met en relief ses qualités professionnelles.

La Vigne est un très petit affluent de l'Avre, de deux kilomètres de longueur, à peine connu en dehors du territoire qu'il traverse et qui n'avait jamais appelé l'attention avant qu'un de nos conducteurs, M. Cramoison, chargé de reconnaître les sources du bassin de l'Eure, en eût révélé l'existence. Les quatres sources qui l'alimentent sont groupées dans un espace relativement petit : elles débitent ensemble plus de 100,000 mètres cubes par jour.

Cette découverte géographique, faite le 30 septembre 1882, fut portée à la connaissance de MM. Bechmann et Couche ; elle ne fut pas ébruitée, le secret professionnel fut scrupuleusement gardé et l'acquisition des sources put être faite très habilement, en 1884, sans éveiller l'attention de la spéculation, par M. Braye, conducteur du service des Eaux aujourd'hui décédé, aussitôt que le Conseil municipal eut décidé le principe de l'opération. (*Applaudissements.*)

Nous ne ferons pas à nos modestes agents et à leurs ingénieurs l'injure de les féliciter de leur discrétion ; nous savons que les intérêts de la ville de Paris sont entre bonnes mains ; mais, par le temps présent, nous pensons qu'il est bon de mettre en lumière un de ces exemples probants d'honnêteté courante, dont personne ne parle tant la chose paraît naturelle. (*Vifs applaudissements.*)

N'est-ce pas la meilleure réponse qu'on puisse faire aux insinuations malveillantes mises perfidement en circulation par les ennemis de nos institutions républicaines? (*Nouveaux applaudissements.*)

Les études, Messieurs, furent poursuivies avec la plus grande diligence. Malheureusement M. Couche ne fut pas appelé à présenter l'avant-projet que M. l'ingénieur Bechmann avait établi sous sa direction. Le 31 août 1885 il trouvait la mort à Jersey, sous les yeux de sa femme et de sa fille, en se portant au secours de son fils, âgé de 17 ans, qui se noyait et qui a péri avec lui. (*Profonde sensation.*)

La disparition de M. Couche fut une grande perte pour la ville de Paris et il fallut pourvoir à son remplacement. Fort heureusement nous avions à la tête du service des Canaux un ingénieur en chef d'une haute expérience, possédant un grand talent de constructeur et dont le seul défaut, il faut bien le dire, est d'être par trop modeste. (*Oui! Oui!*) M. Humblot, aujourd'hui inspecteur général des Ponts et chaussées, était depuis 1866 attaché au service de la ville de Paris. Il avait collaboré, sous les ordres de M. Belgrand, aux travaux de dérivation de la Vanne dont il avait capté les sources et il était tout désigné par ses travaux antérieurs pour succéder à Couche, son camarade d'école et son ami.

Près de cinq années se passèrent en démarches incessantes et c'est seulement le 5 juillet 1890 que fut promulguée la loi portant déclaration d'utilité publique du captage au profit de la ville de Paris des sources de la Vigne et de Verneuil.

Il avait fallu rendre évidente l'exagération des protestations des riverains, mettre en parallèle les besoins d'une population de 2,300,000 habitants avec ceux de quelques intéressés, démontrer qu'en tout état de cause il était possible de réparer les dommages par l'allocation d'indemnités en argent, et j'ai le devoir de remercier aujourd'hui le Gouvernement d'avoir introduit et défendu le projet de loi, MM. les députés Gadaud et Berger, M. le sénateur Cornil, de l'avoir soutenu au Parlement dans de savants rapports. La ville de Paris leur en garde une sincère reconnaissance. (*Applaudissements.*)

A partir de la promulgation de la loi du 5 juillet 1890, pas un moment ne fut perdu pour doter au plus tôt Paris des nouvelles eaux de sources. Immédiatement M. l'ingénieur Humblot dressa le programme d'exécution des travaux.

Dès les premiers jours de 1891 il put affirmer que les nouvelles eaux arriveraient au réservoir de Saint-Cloud avant l'époque où l'élévation de la température rend nécessaire annuellement la substitution de l'eau de Seine chaude et polluée aux eaux de sources limpides et fraîches si appréciées des Parisiens.

M. Humblot a tenu sa promesse (*applaudissements*) et c'est pour l'en remercier et l'en féliciter que le Conseil municipal a tenu à venir assister, avant l'expiration de son mandat, à l'arrivée des nouvelles eaux de sources. C'est la seule marque de gratitude que puissent lui témoigner les élus de Paris, mais nous avons le ferme espoir que le Gouvernement saura reconnaître par une distinction honorifique depuis longtemps méritée les services que M. l'inspecteur général des Ponts et chaussées Humblot a rendus à la capitale de la France. (*Assentiment général.*)

Il appartient, Messieurs, à M. le préfet de la Seine de faire ressortir les difficultés particulières qu'a présentées l'exécution des travaux, de signaler les collaborateurs de M. Humblot qui se sont le plus particulièrement distingués, mais j'ai le devoir, et je le remplis de grand cœur, de les remercier cordialement au nom du Conseil municipal du concours qu'ils ont apporté à la ville de Paris. (*Applaudissements.*)

Je dois cependant citer particulièrement M. Bechmann, qui fut l'ouvrier de la première heure.

M. Bechmann est aujourd'hui, jeune encore, à la tête d'un des plus importants services de la ville de Paris : il est appelé à mener à bien l'œuvre à peine ébauchée dont

Durand-Claye avait jeté les bases. Lui aussi saura se montrer à la hauteur de la belle tâche qui lui a été confiée. (*Nombreuses marques d'approbation.*)

Messieurs,

Paris dispose par jour, à l'heure actuelle, de 710,000 mètres cubes d'eaux de toute nature, soit 290 litres par habitant, alors que Londres n'en a que 155, Édimbourg 180, Vienne et Bruxelles 100, Berlin 75, Leipzig 150. Dans ce total, les eaux de source entrent pour 250,000 mètres cubes, soit un peu plus de 100 litres par habitant, et cependant le Conseil municipal ne considère pas comme terminée l'œuvre qu'il a entreprise depuis 1871 et qu'il poursuit sans relâche avec le concours du service des Eaux.

Certes, il a été beaucoup fait.

Le volume des eaux susceptibles d'être distribuées était en 1872 de 348,000 mètres cubes; il est double aujourd'hui.

800 kilomètres de conduites ont été posées.

Le nombre des bouches de secours contre l'incendie et de celles des appareils de lavage et d'arrosage des rues a été considérablement augmenté.

Cependant, il reste beaucoup à faire.

Les besoins de Paris vont toujours grandissant : nous devons nous mettre en mesure de parer aux exigences que nécessite l'assainissement des habitations, tenir compte des sécheresses qui peuvent diminuer le volume des eaux dérivées; nous avons donc à prévoir l'adduction, dans un avenir prochain, des nouvelles eaux dont les sources ont été acquises par la ville de Paris.

Nous devons assurer largement le lavage des rues, l'alimentation des réservoirs de chasse des égouts et, par suite, la nécessité s'impose d'accroître les ressources en eau de rivière qui sont déjà insuffisantes dans les hauts quartiers.

Les canalisations d'eaux de sources, supportant des pressions considérables, ne peuvent être établies que dans les égouts, eu égard aux dangers que feraient courir aux immeubles des ruptures de conduites toujours possibles, et l'achèvement de notre réseau d'égouts ne saurait tarder plus longtemps.

Ces diverses mesures doivent être complétées par l'épuration des eaux d'égout au moyen d'irrigations qui rendront à la culture les engrais perdus par le déversement direct de ces eaux dans la Seine qu'elles infectent.

Tel est le programme d'assainissement que poursuit le Conseil municipal, et à l'occasion duquel il vient de décider un emprunt de 116 millions, dont le gage se trouvera dans les redevances que verseront à la ville de Paris, pour le déversement à l'égout des matières usées, les propriétaires des immeubles bordant les voies publiques qui, par contre, se trouveront déchargés des frais d'entretien qu'auraient nécessités pour eux les fosses fixes de ces immeubles.

Le Conseil municipal ne faillira pas à sa tâche. Avec le concours de ses services municipaux, il saura faire qu'au moment de l'Exposition universelle de 1900, les étrangers qui accourront en foule puissent constater que Paris ne le cède à aucune autre capitale, non seulement comme splendeur, mais encore comme hygiène.

Les Parisiens sont fiers de leur cité. Ce programme d'assainissement est le leur : il sera exécuté. (*Salves d'applaudissements.*)

Discours de M. le préfet de la Seine E. Poubelle :

Messieurs,

Cette journée restera mémorable. Après la Dhuis et la Vanne, l'Avre vient à son tour apporter à Paris le tribut de ses eaux.

Désormais pourvue de 250,000 mètres cubes d'eau de source par jour, la Ville pourra se dispenser de rien demander à ces eaux de la Seine, si décriées aujourd'hui et qui ont, durant des siècles, suffi à son prodigieux accroissement.

La distribution des eaux fraîches et pures que fournissent les sources est un bienfait contemporain. A une époque où la plupart de ceux qui sont ici étaient déjà majeurs (je parle des hommes seulement), la presque totalité des eaux de Paris était fournie par le canal de l'Ourcq, le surplus par la Seine.

Il faudrait remonter à 280 ans en arrière pour y rencontrer une tentative unique en faveur de l'adduction d'eaux de source.

Le 17 juillet 1613, le prévôt des marchands et les échevins réunis à Cachan y recevaient solennellement le roi Louis XIII qui, en présence de Marie de Médicis, venait poser la première pierre de l'aqueduc d'Arcueil.

Rien ne manqua à cette cérémonie dont les registres de la Ville nous ont transmis le récit, ni « les festins nécessaires, meubles précieux, collations, tentes, truelle d'argent, vin pour desfoncer en signe de resjouissances et largesses », ni les « beaux discours » prononcés pendant le dîner offert aux frais et dépens de la Ville.

L'espoir de ceux qui pensaient trouver, dans les sources utilisées autrefois par l'empereur Julien pour son palais des Thermes, la quantité d'eau nécessaire à la capitale, fut déçu.

Le volume amené par le nouvel aqueduc était environ de 1,000 mètres cubes par jour, en temps ordinaire ; il s'abaissait encore pendant les sécheresses. Aussi demanda-

t-on, depuis lors, à da Seine, l'eau nécessaire aux besoins de Paris : la pompe du pont Notre-Dame fut établie 50 ans après l'inauguration de l'aqueduc d'Arcueil.

En 1822, le canal qui dérivait la rivière de l'Ourcq vint apporter dans le bassin de La Villette 100,000 mètres cubes d'eau pure et salubre.

Ce fut un grand événement !

La gloire des eaux de l'Ourcq est aujourd'hui éclipsée : elles ont rendu les Parisiens heureux et fiers durant 40 ans !

Jusqu'en 1860, le vieil aqueduc d'Arcueil, les aqueducs de Belleville et des Prés-Saint-Gervais et le puits artésien de Grenelle ne contribuaient, à eux tous, que pour 1,300 mètres cubes environ à désaltérer Paris. Le surplus était fourni par l'Ourcq ou la Seine ; nous nous accommodions de ce régime, qui représentait pour nous le progrès et le travail des siècles.

L'eau puisée en Seine par les pompes à feu de Chaillot et du Gros-Caillou, la petite machine du quai d'Austerlitz et la pompe du quai Notre-Dame, était amenée seulement au niveau du sol et les Auvergnats la montaient sur leur dos aux bonnes ménagères. (*Rires et applaudissements.*)

L'annexion des communes de la banlieue, en étendant Paris jusqu'à l'enceinte fortifiée, rendit nécessaire le renouvellement et la transformation du service des Eaux.

L'ingénieur Belgrand fit adopter par le préfet Haussmann deux résolutions essentielles : la préférence des eaux de source sur les eaux de rivière ; la double canalisation dans Paris. Afin de rendre abordable la gigantesque entreprise que ce plan entraînait, il montra que les aqueducs n'étaient pas nécessairement des monuments imposants tels que ceux dont nous admirons encore les restes, et qu'il était possible d'obtenir des résultats plus considérables, avec des moyens plus simples.

La première dérivation, celle de la Dhuis, amena en août 1865, à travers la Brie, par un aqueduc de 131 kilomètres, 20,000 mètres cubes au réservoir de Ménilmontant. Le résultat ne semblait pas en rapport avec les sacrifices.

En 1875, les travaux de la paix ayant été repris, la Vanne, captée aux environs de Troyes, envoya au réservoir de Montrouge, par une canalisation de 173 kilomètres, un volume d'eau de plus de 100,000 mètres cubes que l'adjonction des belles eaux de Cochepies porta bientôt à 130,000 mètres cubes.

Enfin, en 1884, sur l'invitation du Conseil municipal, mon administration a pu soumettre à cette assemblée une étude de l'ingénieur en chef des Eaux, le regretté Couche, assisté de M. Bechmann, ingénieur ordinaire.

Elle comportait deux dérivations de longueur presque égale :

L'une à *l'ouest*, des sources de la Vigne et de Verneuil par la vallée de l'Avre, sur une longueur de 102 kilomètres ;

L'autre à *l'est*, qui doit emprunter aux sources du Loing et du Lunain le supplément d'eaux de sources dont nous avons eu l'ambition de doter Paris.

Dès le 28 janvier 1885, le Conseil votait l'acquisition des sources à dériver et, le 10 mars 1886, il adoptait l'avant-projet dressé par M. Bechmann pour la dérivation des sources de l'Ouest.

Restait à obtenir la déclaration d'utilité publique.

Les résistances passionnées des populations de la vallée de l'Avre et de fâcheux contre-temps retardèrent le vote de la loi qui, grâce à l'active intervention de M. Yves Guyot, ministre des Travaux publics, fut enfin promulguée le 5 juillet 1890.

M. Humblot, ingénieur en chef, qui avait succédé à Couche et dressé le projet définitif, se mit à l'œuvre.

En juin 1891, les travaux pouvaient être commencés sur un grand nombre de points ; 3,500 ouvriers y furent occupés, sans autre interruption que celle de l'hiver.

Le 16 mars 1893, 28 mois après, les ouvrages étaient terminés et l'eau des sources arrivait au réservoir de Passy. (*Vifs applaudissements.*)

Les sources dérivées se divisent en deux groupes : l'un, composé de quatre sources émergeant sur le territoire de Rueil-la-Gadelière (Eure-et-Loir) et dont les eaux se réunissent pour former la petite rivière de la Vigne, qui se jette dans l'Avre ; le second, ne comprenant qu'une source située sur la commune de Verneuil (Eure).

Les eaux de ces sources sont recueillies au moyen de deux aqueducs de prise d'eau mesurant ensemble 3 kilomètres et se réunissant dans l'aqueduc principal, d'un développement de 102 kilomètres, qui les amène au réservoir de Saint-Cloud. De là, une conduite qui franchit la Seine sur une passerelle les transporte à l'entrée de Paris, d'où elles sont dirigées, d'une part, sur le réservoir de Passy, d'autre part, jusqu'à la rencontre du réseau des eaux de la Dhuis, sous la place de l'Etoile.

Comme ses devancières, la nouvelle dérivation ne comporte que peu d'ouvrages apparents. Sur 72 kilomètres, la plus grande partie du parcours, l'aqueduc chemine en tranchée couverte à peu de distance de la surface du sol ; il franchit des vallées profondes, d'un développement de 7 kilomètres, au moyen de siphons en fonte ; ou s'enfonce en souterrain, sous les reliefs du sol, dans une étendue de 26 kilomètres.

Si ce remarquable travail, malgré son importance exceptionnelle, n'étonne pas les regards comme ces gigantesques aqueducs que nous ont laissés les Romains, l'œuvre accomplie n'en est pas moins grande ; la simplicité extrême des moyens employés, dont l'effet est de réduire partout la dépense au minimum, ajoute au contraire au mérite de ceux qui l'ont conçue et réalisée. (*Applaudissements.*)

Les difficultés qu'ils avaient à vaincre étaient, d'ailleurs bien supérieures à celles que pouvait présenter la construction des ouvrages de l'antiquité.

Le plus grand des aqueducs qui alimentaient l'ancienne Rome n'avait que 92 kilomètres et la pente dont on disposait entre les sources et le point d'arrivée n'était pas moindre de 237 mètres. L'aqueduc de la Dhuis, avec un développement de 130 kilomètres, n'a que 20 mètres de pente, depuis le point d'émergence des sources jusqu'au réservoir de Ménilmontant. Pour celui de la Vanne, qui mesure 156 kilomètres, la pente dont on disposait n'était que de 25 m. 70 c.

Quant à l'aqueduc de la Vigne et de Verneuil, les conditions étaient plus favorables ; cependant, la pente totale répartie sur un parcours de 105 kilomètres n'est que de 40 mètres, soit 40 centimètres par kilomètre en moyenne.

On comprend quelle précision exigent des aqueducs disposant d'une pente aussi faible.

Pour réaliser cette vaste opération, la ville de Paris a dû s'imposer une dépense de 35 millions. Quelque grand que soit le sacrifice, elle n'a pas à le regretter si elle songe aux avantages inappréciables que doivent retirer de la nouvelle dérivation le bien-être et la santé de ses habitants.

Il convient d'ailleurs d'ajouter que, dans cette somme de 35 millions, le chiffre des indemnités qui ont été accordées aux propriétaires des prés et d'usines de la vallée de l'Avre figure pour plus de 8 millions.

La Vile n'a pas voulu en servant les intérêts de sa population nuire à ceux des habitants des autres départements, et elle a réglé la réparation des dommages que devait causer l'abaissement du plan d'eau de la rivière avec une libéralité attestée suffisamment par ce fait que, presque partout, elle a pu traiter à l'amiable.

Elle s'est appliquée également à empêcher que la fermeture des usines ne privât les ouvriers de leur gagne-pain et dans les traités conclus, autant que possible, elle a stipulé que les usiniers devraient suppléer au moyen de machines à vapeur à la force hydraulique qui leur serait retirée.

Nous pouvons donc nous féliciter sans arrière-pensée du progrès considérable dès à présent réalisé en attendant ceux que déjà vous avez décidé de poursuivre.

Quel contraste entre les difficultés de l'approvisionnement en eau potable, il y a vingt ans à peine, et les facilités qui sont offertes aujourd'hui !

A présent le Parisien qui ouvre son robinet d'alimentation trouve tout naturel d'en voir s'échapper ce liquide qui lui arrive souvent de plus de cent kilomètres. Il est prompt à se fâcher si l'eau ne coule pas aussi pure et aussi abondante que d'ordinaire.

Espérons qu'il pense quelquefois aux travaux gigantesques qu'il a fallu exécuter pour lui procurer ce résultat si simple en apparence, au soin vigilant, à la multiplicité des manœuvres de jour et de nuit, à la somme d'efforts et de concours qu'exige le fonctionnement de cet immense outillage qui constitue le service des eaux de Paris.

On s'en fera une idée si nous disons que les conduites publiques de distribution totale des eaux à l'intérieur de Paris mesurent à elles seules 2,186 kilomètres, plus que la distance de Paris à Varsovie.

La grandeur de la tâche accomplie pour porter le service des eaux au degré de perfectionnement où nous le voyons aujourd'hui, méritait bien qu'on s'y arrêtât quelques instants.

Si le public montre souvent l'indifférence et l'ingratitude naïve des enfants, c'est à nous, témoins de tant d'efforts, à nous souvenir et à rendre justice : justice à M. Bechmann pour les premiers projets, à M. l'inspecteur général Humblot pour le projet définitif, l'excellente exécution et la prompte terminaison de l'œuvre. Les négociations l'ont montré prudent diplomate, les travaux habile ingénieur, l'emploi des crédits économe consciencieux des deniers de la Ville. (*Applaudissements.*) Le ministre des Travaux publics, dont nous regrettons l'absence, se promettait de lui apporter la rosette d'officier : j'espère qu'il ne l'attendra pas longtemps. (*Très bien! Très bien!*)

Le Préfet se joint au Président du Conseil municipal pour le remercier au nom de la ville de Paris.

Nous remercions aussi son habile et dévoué lieutenant, M. l'ingénieur en chef Bienvenue, et les ingénieurs ordinaires entre lesquels l'opération avait été partagée : M. Geslain, chargé des travaux dans le département d'Eure-et-Loir ; M. Legouez, chargé de la partie de l'opération dans le département de Seine-et-Oise, comprenant notamment la construction du vaste souterrain entre l'entrée du parc de Versailles et le réservoir de Saint-Cloud ; enfin M. Renaud, auquel étaient confiés les travaux du réservoir et l'établissement de la conduite d'amenée entre cet ouvrage et la porte d'Auteuil. (*Applaudissements.*)

Nous ne saurions oublier parmi leurs principaux collaborateurs MM. les conducteurs Balland et Poulin, que j'ai proposés à M. le Ministre pour un avancement mérité ; MM. Mary, Staudt, Martin-Coulomb, Diebold, Daubernard, auxquels j'ai été heureux d'accorder moi-même à cette occasion des augmentations de grades et de traitements.

Auprès de ceux qui survivent et qui ont la satisfaction de voir leur œuvre accomplie, il convient de donner un souvenir à ceux qui ont disparu pleins d'années et de gloire, ou prématurément enlevés, à Belgrand, à Couche, à Alphand, dont les noms vivront dans l'histoire de Paris. (*Applaudissements répétés.*)

Discours de M. Humblot, inspecteur général des Ponts et chaussées :

Monsieur le président du Conseil municipal et Monsieur le Préfet,

Je vous prie d'agréer mes vifs remerciements pour les éloges que vous m'avez décernés. Si je les considère comme un témoignage de satisfaction pour la manière dont j'ai accompli ma tâche, je ne puis que les accepter avec déférence et en éprouver une légitime fierté. Mais je dois en attribuer l'excès à la grandeur et à l'importance de l'œuvre à laquelle j'ai été associé.

Messieurs,

L'honneur de l'œuvre dont vous venez de constater l'achèvement revient d'abord au Conseil municipal qui, malgré sa constante répugnance à augmenter les charges de la Ville, n'a pas hésité cependant à recourir à l'emprunt pour obtenir les ressources qu'exigeait l'adduction de nouvelles eaux potables. L'impatience avec laquelle la population les attendait et la joie qu'elle a montrée à leur arrivée prouvent qu'il ne s'était pas trompé sur les sentiments et sur les besoins des habitants de Paris.

L'honneur en revient encore à M. le Préfet qui a la gloire de diriger depuis de longues années la difficile administration de Paris et qui, partageant le souci du Conseil municipal pour les intérêts de la Ville, a éclairé, secondé ses vues et présidé au rapide accomplissement de ses résolutions.

L'honneur appartient encore aux ingénieurs, mes prédécesseurs, qui avaient montré et préparé la voie.

Pour moi, Messieurs, mon rôle a été de centraliser tous les efforts qui devaient concourir à l'exécution des travaux, aussi mon devoir est-il d'adresser aujourd'hui l'hommage de ma reconnaissance à chacun de ceux qui m'ont aidé, soit en me servant de guide, soit en travaillant sous mes ordres.

Parmi les premiers se présente d'abord à mon souvenir l'illustre et regretté directeur des Travaux, dont le nom est sur toutes les lèvres et qui n'a mérité d'autre reproche que de n'avoir pas assez ménagé ses forces et sa vie. *(Applaudissements.)* Je ne puis séparer de lui l'ami et le collaborateur qui, après être resté si longtemps à ses côtés, a eu le redoutable honneur de prendre la plus importante part de sa succession.

Au nombre de ceux qui m'ont soutenu dans ma tâche, je dois remercier M. le Président et les membres de la 6e Commission du Conseil municipal, qui comptent parmi eux le plus ancien membre du Conseil, dont la compétence et la connaissance du service des Eaux font autorité. Les encouragements de la Commission au cours des travaux et ses observations éclairées ont été pour moi d'un précieux secours au milieu des difficultés rencontrées.

Il me reste, Messieurs, à rendre témoignage au zèle et au dévouement de mes collaborateurs. Je citerai :

M. l'ingénieur en chef Bienvenue qui m'a suppléé dans la direction et la surveillance des chantiers, pendant que mes occupations multiples me retenaient au siège de l'Administration.

M. l'ingénieur Renaud qui a su mener de front les grands travaux du canal Saint-Denis et le réservoir que vous venez de visiter, et dont les services ont été dignement récompensés à l'occasion de la fête du 14 juillet dernier.

M. l'ingénieur Legouez qui a conduit avec autant d'énergie que d'habileté la partie la plus difficile de l'aqueduc et qui, par des mesures hardies prises au milieu du danger, a préservé de graves accidents les ouvriers et les travaux. Chez lui, jeune encore, la valeur n'a pas attendu le nombre des années. Je regrette que la croix d'honneur soit pour lui soumise à plus de retards.

Enfin M. l'ingénieur Geslain qui a montré dans l'exécution de sa tâche les efforts et le labeur soutenus qui l'ont élevé du rang de conducteur au grade d'ingénieur.

Je confondrai dans une reconnaissance commune tous ces auxiliaires dévoués qui, en qualité de conducteurs ou piqueurs, ont passé sur les chantiers deux années consécutives. C'est à leur fidélité qu'est dû le succès de l'entreprise, car c'est grâce à l'exactitude de leurs opérations que les tronçons d'aqueduc entamés sur divers points isolés se sont rejoints à la hauteur voulue et que l'eau des sources, suivant sa pente naturelle, a pu venir jusqu'ici, sans aucune perte.

Si je ne puis citer tous ceux qui m'ont prêté leurs concours, je ne les oublie pas.

Je dois aussi témoigner de l'empressement que les entrepreneurs ont mis à donner aux travaux toute l'activité désirable.

Enfin, en terminant, je ne veux pas laisser dans l'ombre ces milliers d'ouvriers, dont les bras vigoureux ont percé les montagnes et dont les mains adroites ont façonné les murs de l'aqueduc. A voir leur ardeur, on sentait qu'en travaillant pour Paris ils pensaient travailler pour la France. *(Vifs applaudissements.)*

J'espère, Messieurs, que le souvenir de cette fête restera pour ceux qui se dévouent au service de Paris comme un puissant encouragement à s'y dévouer encore avec plus d'ardeur et de zèle. Pour moi, c'est le sentiment que j'emporterai en quittant ces lieux. *(Applaudissements prolongés.)*

Après les discours, un lunch a été servi aux invités et aux délégués des ouvriers.

A l'issue de la cérémonie officielle, les deux cent cinquante ouvriers alors occupés sur les chantiers ont été réunis sous une grande tente où une collation leur a été servie.

La journée d'inauguration s'est terminée par la visite de la passerelle métallique de Longchamp, jetée sur la Seine à l'extrémité sud-ouest du bois de Boulogne entre les ponts de Saint-Cloud et de Suresnes pour supporter la conduite en tôle d'acier dans laquelle les eaux sont amenées à Paris.

Six jets d'eau ménagés en cette conduite permettaient de juger de l'énorme pression résultant de la différence de niveau.

Le retour à Paris s'est effectué au moyen de bateaux mis à la disposition des invités.

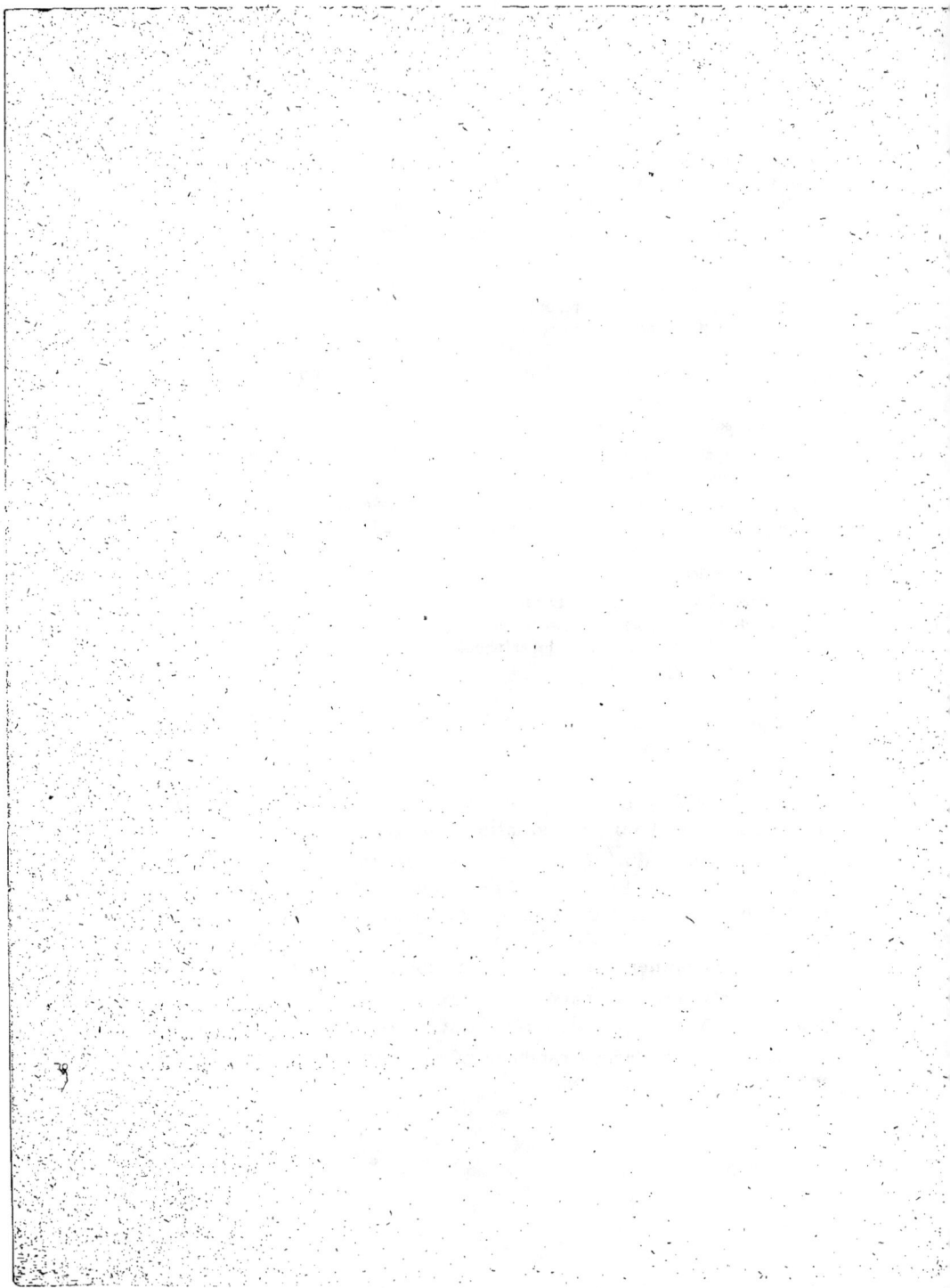

V

COMPOSITION

DU

CONSEIL MUNICIPAL DE PARIS

ET DU

CONSEIL GÉNÉRAL DE LA SEINE

~~~~~~~~~~~~~~~~~~~

LISTE

DE

MM. LES MEMBRES DU CONSEIL MUNICIPAL DE PARIS

Aux termes de la loi du 14 avril 1871, le Conseil municipal de Paris se compose de 80 membres élus dans les vingt arrondissements, à raison d'un par quartier.

~~~~~~~~~~~~~~

PREMIER ARRONDISSEMENT :

MM.

Quartier St-Germain-l'Auxerrois	ODELIN, négociant, rue Saint-Germain-l'Auxerrois, 6.
— *des Halles*	LAMOUROUX (Alfred), docteur en médecine et pharmacien, rue de Rivoli, 150.
— *du Palais-Royal*......	MUZET (Alexis), négociant, rue des Pyramides, 3.
— *de la Place-Vendôme*...	DESPATYS, ancien magistrat, place Vendôme, 22.

DEUXIÈME ARRONDISSEMENT :

MM.

Quartier Gaillon	BLACHETTE, représentant de commerce, rue de la Bourse, 3.
— *Vivienne*.............	CARON, avocat, ancien agréé, rue Saint-Lazare, 80.
— *du Mail*..............	DUPLAN, ancien négociant, rue des Pyramides, 2.
— *Bonne-Nouvelle*.......	MAURY, négociant, rue du Caire, 47.

TROISIÈME ARRONDISSEMENT :

MM.

Quartier des Arts-et-Métiers....	BLONDEL, avocat, boulevard Beaumarchais, 93.
— *des Enfants-Rouges*....	LUCIPIA (Louis), publiciste, rue Béranger, 15.
— *des Archives*.........	FOUSSIER, négociant, boulevard du Temple, 54.
— *Sainte-Anne*	DARLOT, opticien, boulevard Voltaire, 125.

QUATRIÈME ARRONDISSEMENT :

MM.

Quartier Saint-Merri.	OPPORTUN, ancien commerçant, avenue Victoria, 5.
— *Saint-Gervais*.........	PIPERAUD, chef d'institution, rue de Sévigné, 17.
— *de l'Arsenal*..........	HERVIEU, ancien juge au Tribunal de commerce, boulevard Bourdon, 37.
— *Notre-Dame*..........	RUEL, propriétaire, rue de Rivoli, 54.

CINQUIÈME ARRONDISSEMENT :

MM.

Quartier Saint-Victor	SAUTON, architecte, rue Soufflot, 24.
— *du Jardin-des-Plantes*.	COLLIN, chef des ateliers de tapisserie aux Gobelins, rue des Gobelins, 3.
— *du Val-de-Grâce*	LAMPUÉ, propriétaire, boulevard de Port-Royal, 72.
— *de la Sorbonne*........	DESCHAMPS, médecin, boulevard Saint-Michel, 53.

SIXIÈME ARRONDISSEMENT :

MM.

Quartier de la Monnaie	PÉTROT (Albert), avocat à la Cour d'appel, rue Servandoni, 8.
— *de l'Odéon*............	ALPY, avocat à la Cour d'appel, rue Bonaparte, 68.
— *Not.-Dame-des-Champs*.	DEVILLE, avocat à la Cour d'appel, rue Saint-Placide, 45.
— *St-Germain-des-Prés*...	PRACHE, avocat à la Cour d'appel, rue Bonaparte, 30.

SEPTIÈME ARRONDISSEMENT :

MM.

Quartier Saint-Thomas-d'Aquin.	DUVAL (Ferdinand), ancien préfet, rue de Beaune, 1.
— *des Invalides*.........	COCHIN, propriétaire, rue de Varenne, 72.
— *de l'École-Militaire*....	LEROLLE, avocat à la Cour d'appel, avenue de Villars, 10.
— *du Gros-Caillou*.......	LOPIN (Arsène), publiciste, rue d'Aboukir, 68.

HUITIÈME ARRONDISSEMENT :

MM.

Quartier des Champs-Élysées ...	QUENTIN-BAUCHART, avocat, rue François-Ier, 31.
— du Faubourg-du-Roule.	BINDER (MAURICE), avocat à la Cour d'appel, avenue des Champs-Élysées, 102.
— de la Madeleine......	FROMENT-MEURICE, orfèvre, rue d'Anjou, 46.
— de l'Europe..........	RIANT, propriétaire, rue de Berlin, 36.

NEUVIÈME ARRONDISSEMENT :

MM.

Quartier Saint-Georges	STUPUY, homme de lettres, rue Fromentin, 8.
— de la Chaussée-d'Antin..	BERRY (GEORGES), avocat, rue de la Victoire, 75.
— du Faub.-Montmartre..	LAURENT (CHARLES), publiciste, cité Malesherbes, 17.
— Rochechouart........	STRAUSS (PAUL), journaliste, rue Victor-Massé, 3.

DIXIÈME ARRONDISSEMENT :

MM.

Quartier Saint-Vincent-de-Paul.	VILLAIN (GEORGES), publiciste, rue de Meubeuge, 81.
— de la Porte-St-Denis...	HATTAT, négociant, rue de l'Aqueduc, 21.
— de la Porte-St-Martin..	THUILLIER, entrepreneur de plomberie, rue de Paradis, 20.
— de l'Hôpital-St-Louis...	FAILLET, comptable, boulevard de La Villette, 19.

ONZIÈME ARRONDISSEMENT :

MM.

Quartier de la Folie-Méricourt..	N...
— Saint-Ambroise.......	LEVRAUD, docteur en médecine, boulevard Voltaire, 98.
— de la Roquette........	LONGUET (CHARLES), publiciste, rue Keller, 13.
— Sainte-Marguerite.....	PETITJEAN, fabricant de papiers peints, rue Saint-Bernard, 26.

DOUZIÈME ARRONDISSEMENT :

MM.

Quartier du Bel-Air...........	MARSOULAN, fabricant de papiers peints, rue de Paris, 90-92, à Charenton (Seine).
— de Picpus............	CAUMEAU, employé, rue du Faubourg-Saint-Antoine, 212.
— de Bercy............	LYON-ALEMAND, propriétaire, rue de Charenton, 171.
— des Quinze-Vingts.....	BAUDIN (PIERRE), avocat à la Cour d'appel, avenue Daumesnil, 54.

TREIZIÈME ARRONDISSEMENT :

MM.

Quartier de la Salpêtrière..... MORANE, ingénieur, rue Jenner, 23.

— de la Gare.......... NAVARRE, docteur en médecine, rue Coypel, 2.

— de la Maison-Blanche. ROUSSELLE, commissionnaire en vins, rue Humboldt, 25.

— Croulebarbe......... DERVILLERS (Prudent), tailleur, rue Pascal, 50.

QUATORZIÈME ARRONDISSEMENT :

MM.

Quartier Montparnasse........ LAZIES, entrepreneur de travaux publics, avenue d'Orléans, 52.

— de la Santé .... DUBOIS, docteur en médecine, avenue du Maine, 165 et 167.

—, du Petit-Montrouge.... CHAMPOUDRY, géomètre, rue de l'Aude, 39.

— de Plaisance .... GIROU (Georges), comptable, rue des Plantes, 42.

QUINZIÈME ARRONDISSEMENT :

MM.

Quartier Saint-Lambert........ DELHOMME, statuaire, rue de Dantzig, 11.

— Nécker.............. BASSINET, entrepreneur, rue de Vouillé, 117.

— de Grenelle.......... HUMBERT (Alphonse), homme de lettres, rue Saint-Charles, 35.

— de Javel............. CHAUVIÈRE, correcteur d'imprimerie, place Beau-Grenelle, 1.

SEIZIÈME ARRONDISSEMENT :

MM.

Quartier d'Auteuil............. PERRICHONT, entrepreneur de travaux publics, rue du Point-du-Jour, 79.

— de la Muette......... CAPLAIN, rentier, chaussée de la Muette, 6.

— de la Porte-Dauphine. DELIGNY, ingénieur, rue de Chaillot, 22.

— des Bassins.......... DAVRILLÉ DES ESSARDS, avocat à la Cour d'appel, rue de Naples, 30.

DIX-SEPTIÈME ARRONDISSEMENT :

MM.

Quartier des Ternes .... VIGUIER (Paul), publiciste, avenue Carnot, 9.

— de la Plaine-Monceau. BOMPARD, docteur en droit, avocat à la Cour d'appel, rue de Prony, 65.

— des Batignolles....... GAUFRÈS, chef d'institution honoraire, rue Lemercier, 55.

— des Épinettes........ BROUSSE (Paul), docteur en médecine, avenue de Clichy, 81.

DIX-HUITIÈME ARRONDISSEMENT :

MM.

Quartier des Grandes-Carrières.	SIMONEAU, rentier, rue Manin, 63.
— *de Clignancourt*	ROUANET, publiciste, rue Flocon, 2.
— *de la Goutte-d'Or*	HEPPENHEIMER, facteur de pianos, rue Marcadet, 48.
— *de La Chapelle*	BOLL, fabricant de caisses de pianos, rue Pajol, 19.

DIX-NEUVIÈME ARRONDISSEMENT :

MM.

Quartier de La Villette	VORBE, fondeur, rue Armand-Carrel, 1.
— *du Pont-de-Flandre* ...	PRUNIÈRES, ingénieur, rue d'Allemagne, 102.
— *d'Amérique.*	CATTIAUX, médecin, rue Clavel, 4.
— *du Combat*	GRÉBAUVAL, homme de lettres, rue de La Villette, 47.

VINGTIÈME ARRONDISSEMENT :

MM.

Quartier de Belleville	BERTHAUT, facteur de pianos, rue des Couronnes, 116.
— *Saint-Fargeau*	RÉTIES, boutonnier, avenue de la République, 257.
— *du Père-Lachaise*	VAILLANT, rue Berthollet, 6.
— *de Charonne*	PATENNE, graveur, rue des Pyrénées, 89.

CONSEIL GÉNÉRAL

DU

DÉPARTEMENT DE LA SEINE

~~~~~~~~~~~~

En exécution des lois des 16 septembre 1871 et 19 mars 1875, ce Conseil se compose des quatre-vingts membres du Conseil municipal de Paris et de huit membres élus dans les arrondissements de Saint-Denis et de Sceaux à raison d'un par canton, savoir :

ARRONDISSEMENT DE SAINT-DENIS :

MM.

Canton de Courbevoie.......... BAILLY, ancien secrétaire général de l'Assistance publique, rue de Bécon, 111, à Courbevoie (Seine).

— de Neuilly.............. LEFOULLON, avoué, rue Chabanais, 4.

— de Pantin. .... N....

— de Saint-Denis......... LEVEN (STANISLAS), manufacturier, rue de Miromesnil, 18.

ARRONDISSEMENT DE SCEAUX :

MM.

Canton de Charenton.......... LAFFONT, docteur en médecine, rue Saint-Hilaire, à la Varenne-Saint-Hilaire.

— de Sceaux.............. JALLON, maire de Bourg-la-Reine, à Bourg-la-Reine (Seine).

— de Villejuif............ LÉVÊQUE, horticulteur, rue du Liégat, 69, à Ivry (Seine).

— de Vincennes.......... GIBERT, professeur, rue de l'Alouette, 6, à Saint-Mandé (Seine).

www.ingramcontent.com/pod-product-compliance
Lightning Source LLC
Chambersburg PA
CBHW060816280326
41934CB00010B/2717